MOTOS SUPERBIKE/ SUPERBIKES

por/by Mandy R. Marx

Consultora de Lectura/Reading Consultant:

Barbara J. Fox

Especialista en Lectura/Reading Specialist

Universidad del Estado de Carolina del Norte/

North Carolina State University

Capstone press

Mankato, Minnesota

Blazers is published by Capstone Press,
151 Good Counsel Drive, P.O. Box 669, Mankato, Minnesota 56002.
www.capstonepress.com

Library of Congress Cataloging-in-Publication Data
Marx, Mandy R.
  [Superbikes. Spanish & English]
  Motos superbike/por Mandy R. Marx = Superbikes/by Mandy R. Marx.
  p. cm.—(Blazers—caballos de fuerza = Blazers—horsepower)
  Includes index.
  ISBN-13: 978-0-7368-6641-5 (hardcover)
  ISBN-10: 0-7368-6641-8 (hardcover)
  1. Superbikes—Juvenile literature. I. Title: Superbikes. II. Title. III. Series:
Blazers—caballos de fuerza.
  TL440.15.M37618 2007
  629.227'5—dc22   2006008507

Summary: Discusses superbikes, their main features, and how they are
  raced—in both English and Spanish.

Editorial Credits
Jason Knudson, set designer; Patrick D. Dentinger, book designer;
  Kelly Garvin, photo researcher; Scott Thoms, photo editor;
  settingPace LLC, production services; Strictly Spanish,
  translation services

Photo Credits
Chicken Hawk Racing, 18
Getty Images Inc./AFP/Henny Ray Abrams, 24; Vincent Jannink, 25;
  Robert Cianflone, cover; Time Life Pictures/ Michael Stahlschmidt/Ssp., 11
Nelson, Brian, 5, 6, 7, 8, 9, 12, 13, 14–15, 17, 20–21, 23, 26, 28–29

1 2 3 4 5 6 11 10 09 08 07 06

TABLE OF CONTENTS

TABLA DE CONTENIDOS

Race Day/ El Día De La Carrera

Engines growl, and the smell of fuel fills the air. The biggest superbike race of the year has begun. It is the Daytona 200.

Los motores rugen y el olor a combustible llena el aire. La mayor carrera de motos superbike del año ha empezado. Es la Daytona 200.

Puck/
Rodillera

Mat Mladin leans into a turn on his number 1 Suzuki motorcycle. Suddenly, Mladin passes number 20 and pulls into the lead.

Mat Mladin toma una curva inclinándose en su motocicleta Suzuki número 1. De repente, Mladin pasa al número 20 y toma la delantera.

BLAZER FACT

Superbike racers
wear shields on their
knees called pucks.

DATO BLAZER

Los pilotos de las
motos superbike se
protegen las rodillas
usando rodilleras.

Riders battle for second place behind
Mladin. The fans go wild. Mladin has broken
a record. He has won his third Daytona 200.

Los pilotos compiten por el segundo lugar
detrás de Mladin. Los aficionados enloquecen.
Mladin ha roto un récord. Ha ganado su tercera
Daytona 200.

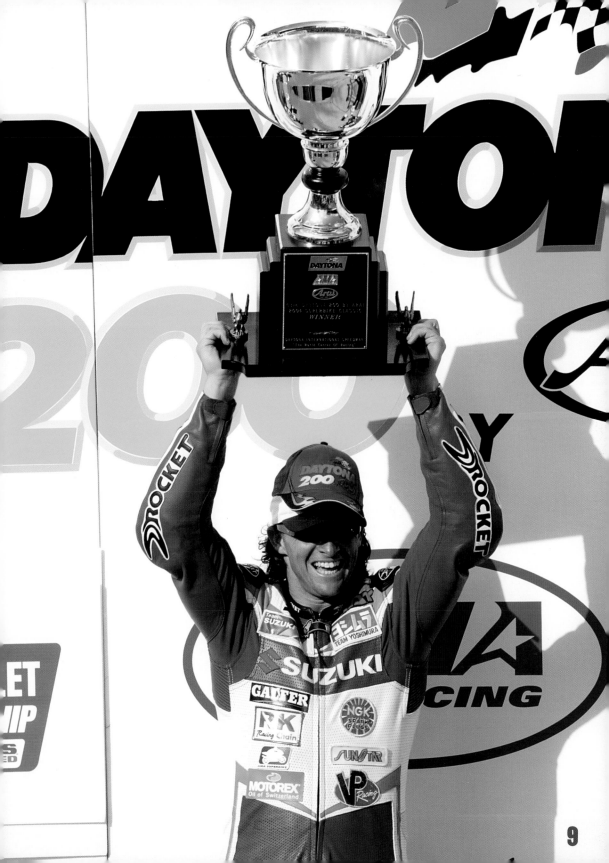

SUPERBIKE DESIGN/
DISEÑO DE UNA
MOTO SUPERBIKE

Superbikes begin as regular street motorcycles. Mechanics work on them to get them ready for the racetrack.

Las motos superbike empiezan como motocicletas comunes de calle. Los mecánicos trabajan en ellas para prepararlas para la pista.

Mechanics remove lights, mirrors, and turn signals. They change the engine to give it more power.

Los mecánicos les quitan los faros, espejos y direccionales. Les cambian el motor para darles más potencia.

BLAZER FACT

Superbikes can go from 0 to 60 miles (0 to 97 kilometers) per hour in 3 seconds.

DATO BLAZER

Las motos superbike pueden ir de 0 a 60 millas (0 a 97 kilómetros) por hora en 3 segundos.

Fairing/
Carenado

Mechanics replace the fairing. This plastic piece covers the engine and front of the bike. The new fairing is light and strong.

Los mecánicos cambian el carenado. Esta pieza plástica cubre el motor y el frente de la motocicleta. El nuevo carenado es ligero y resistente.

Gripping the Track / Agarrándose a la Pista

Superbikes have special racing tires. They are made of soft, smooth rubber. This rubber grips the track.

Las motos superbike tienen llantas especiales para carreras. Están hechas de caucho blando y liso. Este caucho se agarra a la pista.

Heater/
Calentador

In order to grip the track, tires must be hot. Racing teams use heaters to warm the tires before each race.

Para agarrarse a la pista, las llantas deben estar calientes. Los equipos de carreras usan calentadores para calentar las llantas antes de cada carrera.

BLAZER FACT

Racing tires work best when heated to at least 212 degrees Fahrenheit (100 degrees Celsius).

DATO BLAZER

Las llantas de carreras funcionan mejor cuando se calientan al menos a 212 grados Farenheit (100 grados centígrados).

Superbike Diagram/
Diagrama de una
moto Superbike

Puck/
Rodillera

Tire/
Llanta

Handlebars/
Manubrios

Fairing/
Carenado

Engine/
Motor

The Racing World/ El mundo de las carreras

Superbike racing thrills fans all over the world. Most races are 62 miles (100 kilometers) long. The top 30 finishers earn points.

Las carreras en motos superbike emocionan a los aficionados en todo el mundo. La mayoría de las carreras son de 62 millas (100 kilómetros). Los primeros 30 pilotos en llegar a la meta ganan puntos.

In superbike racing, crashes can be deadly. The American Motorcycle Association (AMA) makes racers wear helmets, leather suits, and back shields.

En las carreras de motos superbike, los choques pueden ser mortales. La Asociación Estadounidense de Motociclismo (AMA) hace que los pilotos usen cascos, trajes de cuero y protectores para la espalda.

BLAZER FACT

Superbikes do not have safety belts. If a crash occurs, it is safer for the rider not to be strapped to the bike.

DATO BLAZER

Las motos superbike no tienen cinturones de seguridad. Si ocurre un choque, es mejor para el piloto no estar atado a la motocicleta.

Back shield/
Protector para la espalda

Helmet/
Casco

BLAZER FACT

Mat Mladin has won five AMA Superbike Championships. He holds the record.

DATO BLAZER

Mat Mladin ha ganado cinco Campeonatos de Motos Superbike de la AMA. Él tiene el récord.

The AMA Superbike Championship Series has 18 races. At the end of the season, the racer with the most points is the champion.

La Serie de Campeonato de Motos Superbike de la AMA tiene 18 carreras. Al final de la temporada, el piloto con más puntos es el campeón.

LEANING INTO A TURN! /
¡SE INCLINAN EN UNA CURVA!

GLOSSARY

fairing—the covering over the engine and front end of a motorcycle

handlebars—the bars at the front of a superbike that are used for steering

mechanic—someone who is skilled at operating or repairing machinery

puck—a protective shield worn on superbike racers' knees

shield—a protective barrier

INTERNET SITES

FactHound offers a safe, fun way to find Internet sites related to this book. All of the sites on FactHound have been researched by our staff.

Here's how:

1. Visit *www.facthound.com*
2. Choose your grade level.
3. Type in this book ID **0736866418** for age-appropriate sites. You may also browse subjects by clicking on letters, or by clicking on pictures and words.
4. Click on the **Fetch It** button.

FactHound will fetch the best sites for you!

Glosario

el carenado—la cubierta que va sobre el motor y el frente de una motocicleta

los manubrios—las barras al frente de una moto superbike que se usan para conducirla

el mecánico—una persona que sabe operar o reparar máquinas

el protector—una barrera protectora

la rodillera—una protección que usan los pilotos de motos superbike en las rodillas

Sitios de Internet

FactHound proporciona una manera divertida y segura de encontrar sitios de Internet relacionados con este libro. Nuestro personal ha investigado todos los sitios de FactHound. Es posible que los sitios no estén en español.

Se hace así:

1. Visita *www.facthound.com*
2. Elige tu grado escolar.
3. Introduce este código especial **0736866418** para ver sitios apropiados según tu edad, o usa una palabra relacionada con este libro para hacer una búsqueda general.
4. Haz clic en el botón **Fetch It.**

¡FactHound buscará los mejores sitios para ti!

INDEX

ÍNDICE